## MES PREMIERS PAS

# EN BOURSE

Le guide pratique pour immigrants francophones ambitieux

## KOFI DOUHADJI

**FLYING WINGS**
PUBLISHING

Publié par Flying Wings LLC
Couverture : Neil Kavin Adlawon
Révision : E.J. Robison
ISBN : 979-8-9910565-3-3

"On ne mange pas la graine de la semence.

— sagesse  Ewe

# Table des Matières

# INTRODUCTION

On ne mange pas la graine
de la semence. On la plante.

"

*On ne mange pas la graine de la semence..*

Cette phrase des anciens de mon village au
Togo est la leçon de finance la plus puissante que j'aie
jamais reçue. C'est la boussole qui m'a guidé quand,
comme vous peut-être, j'ai dû naviguer un nouveau
monde avec des rêves immenses et des peurs qui
l'étaient tout autant.

La peur de ne pas maîtriser les codes d'un
nouveau pays. La peur que la langue soit une barrière
infranchissable. Surtout, la peur de perdre l'argent si
durement gagné en faisant une erreur.

Ces peurs sont réelles. Mais au milieu de ce
doute, j'ai découvert une vérité qui libère : l'argent

1

n'a ni langue, ni nationalité. Il ne répond qu'à des principes universels : ceux du temps et de la discipline.

Pourtant, le mythe le plus dangereux pour tout immigrant est celui qui murmure : « Attends ».

Attends de tout comprendre parfaitement. Attends de maîtriser la langue sans accent. Attends d'être enfin "riche" et bien établi pour commencer. C'est une illusion. Si vous attendez que tous les feux de circulation passent au vert en même temps pour démarrer, vous ne quitterez jamais votre place de parking.

Mon histoire le prouve. Je n'ai pas commencé à investir en étant expert ou fortuné. J'ai commencé avec peu. J'ai planté ma première graine sans avoir toutes les réponses, armé d'une seule conviction : chaque dollar mis de côté n'est pas une dépense en moins. C'est une semence pour ma future récolte. La refuser, c'est choisir de saboter son propre avenir.

Mais cette vision se heurte souvent à une philosophie plus séduisante en apparence, celle qui dit :

« Pourquoi te compliquer la vie à investir ? Profite de l'instant présent ! »

Cette phrase est sans doute le pire conseil financier jamais donné. On la présente comme un hymne à la liberté, mais c'est un piège qui vous enchaîne à une vie de précarité.

Oubliez l'image de l'investisseur qui se prive de tout. Investir, ce n'est pas renoncer à votre café du matin et aller dormir sous un pont pour peut-être vous offrir un palais dans trente ans.

C'est tout l'inverse.

Investir, c'est refuser de vivre constamment sur le fil, à la merci du prochain salaire. C'est reprendre le pouvoir sur votre argent pour qu'il cesse de vous contrôler. C'est briser le cycle de la dette et de la dépendance à une seule source de revenus.

En un mot, investir, c'est donner un ordre simple à votre argent : « **Travaille pour moi.** »

Le but n'est pas de sacrifier votre vie. Le but est de la construire.

Le plus grand risque financier n'est pas de faire une erreur. C'est l'inaction. Le temps est votre allié le plus puissant, mais l'hésitation est l'ennemi qui ronge silencieusement vos ambitions. Chaque jour d'attente est un coût que votre futur vous fera payer.

## Alors, pourquoi ce livre ?

Parce que les conseils financiers traditionnels ne sont pas faits pour nous. Ils ignorent les barrières réelles que rencontrent les immigrants francophones : la complexité d'un nouveau système, la peur de mal faire et le manque d'informations conçues pour ceux qui, comme nous, ont tout recommencé.

Mon histoire n'est pas ici pour me mettre en avant. Elle est le miroir de la vôtre. Elle prouve qu'avec les bons principes et un plan simple, les obstacles ne sont que des étapes.

Voici précisément ce que vous allez maîtriser :

- **Les règles du jeu de l'argent**, expliquées simplement, sans le jargon conçu pour vous intimider.
- **Le système financier de votre pays d'accueil,** pour y naviguer avec une confiance totale.
- **Les erreurs coûteuses à éviter,** celles que commettent 90% des débutants par manque de conseils ciblés.

- **Une stratégie d'investissement "clé en main"**, qui travaille pour vous en arrière-plan pendant que vous vous concentrez sur ce qui compte vraiment.

Ce livre n'est pas une théorie. C'est un plan d'action. Le fruit de mon expérience et de celle de milliers de personnes qui ont décidé de reprendre le contrôle.

La personne qui finira ce livre ne sera pas la même que celle qui le commence.

Tournez la page. Votre liberté financière commence maintenant.

# CHAPITRE 2

## POURQUOI INVESTIR EST UNE NÉCESSITÉ
## (MÊME QUAND ON PART DE ZÉRO)

> *Travailler dur paie vos factures.*
> *Investir paie votre liberté.*

En tant qu'immigrant, votre éthique de travail est votre super-pouvoir. C'est elle qui vous a permis de prendre un nouveau départ et de subvenir à vos besoins. C'est votre fondation.

Mais cette force, seule, est une prison dorée. La croyance que l'investissement est un luxe réservé à ceux qui ont déjà "réussi" est un mensonge qui vous condamne à courir sur un tapis roulant, pour toujours.

Voici la vérité :

> *L'investissement n'est pas réservé aux riches. C'est le chemin qui mène.*

## Pourquoi le travail seul est une impasse

Nos parents nous ont appris la valeur du labeur, et ils avaient raison. Mais leur monde n'est plus le nôtre. Aujourd'hui, échanger 100% de votre temps contre 100% de vos revenus est la définition même de la dépendance.

Votre capacité à gagner de l'argent a un plafond : le nombre d'heures dans une journée. Elle est limitée par votre corps, qui exige du repos, et par les aléas de la vie, comme la maladie ou la perte d'emploi. Le jour où vous vous arrêtez, tout s'arrête.

Votre argent, lui, n'a pas ces limites.

Il ne dort jamais. Il ne tombe jamais malade. Il n'a pas besoin de vacances. Votre argent est le seul employé capable de travailler pour vous 24h/24, 7j/7. Le laisser inactif n'est pas une option, c'est un gâchis.

## L'ennemi silencieux : l'argent qui dort meurt (L'inflation)

Pendant que vous travaillez dur, un ennemi silencieux ronge la valeur de l'argent que vous pensez mettre "en sécurité". Cet ennemi, c'est l'inflation.

Penser que votre compte épargne protège votre argent est une illusion coûteuse. En réalité, votre compte épargne est un seau percé. L'inflation est le trou par lequel votre pouvoir d'achat s'échappe, lentement mais sûrement, chaque jour. Si votre épargne rapporte 1% et que le coût de la vie augmente de 3%, vous ne stagnez pas : vous vous appauvrissez.

Laisser dormir votre argent, c'est accepter de le regarder fondre en silence.

## Investir : la seule défense, la meilleure attaque

Investir, c'est simplement acheter des actifs — un morceau d'une grande entreprise (une action), une part d'un projet immobilier — qui ont le potentiel de grandir et de vous verser des revenus.

C'est votre seule véritable défense contre l'inflation et votre meilleure attaque pour construire un patrimoine. C'est l'acte de transformer votre argent de simple monnaie d'échange en un moteur de croissance.

Et pour démarrer ce moteur, il n'y a pas de montant minimum. Même 20 ou 50 par mois suffisent. Ce qui compte, ce n'est pas la taille du premier chèque, mais l'habitude de le faire.

## L'erreur qui coûte des millions : attendre d'avoir "assez"

Nous arrivons au mythe le plus paralysant : croire qu'il faut être riche pour investir. Cette idée est la mère de la procrastination.

Retenez bien ceci :

> *La richesse ne vient pas du premier montant que vous investissez. Elle vient de la discipline à investir tous les autres ensuite.*

Chaque mois où vous attendez, vous ne perdez pas 50 dollars. Vous perdez l'armée de dollars que ces 50 dollars étaient destinés à devenir. Vous perdez la puissance de l'effet boule de neige, le temps qui travaille pour vous.

Ce n'est pas pour rien qu'Albert Einstein considérait les intérêts composés comme la huitième merveille du monde.

L'investissement n'est donc pas un luxe. C'est une nécessité.

Le véritable obstacle pour commencer n'a jamais été le montant sur votre compte en banque. C'est le manque de connaissances claires.

Alors cessez de poser la mauvaise question : « Combien me faut-il pour commencer ? »

La seule question qui compte est :

> *Qu'est-ce que je dois savoir pour commencer aujourd'hui ?*

# CHAPITRE 3

## LES BASES DE L'INVESTISSEMENT BOURSIER (SANS MOTS COMPLIQUÉS)

On a rendu la bourse compliquée. C'est intentionnel. Le jargon technique et les théories complexes sont souvent des barrières conçues pour vous faire croire que ce monde n'est pas pour vous. C'est un mensonge.

L'investissement en bourse n'est pas difficile à comprendre. C'est difficile à croire quand les seules informations que l'on reçoit proviennent de ceux qui n'ont jamais vraiment eu à partir de zéro.

Maintenant que vous savez pourquoi il est vital d'investir, parlons simplement du comment. La porte d'entrée la plus accessible et la plus puissante vers votre indépendance financière est la bourse. Mais de quoi s'agit-il, vraiment ?

## C'est quoi investir en bourse, pour de vrai ?

Imaginez les plus grandes entreprises du monde. Celles qui sont si intégrées à votre vie que vous ne les remarquez même plus : le téléphone dans votre poche, le café que vous buvez, les logiciels sur votre ordinateur, la voiture que vous conduisez.

Pour grandir, innover et conquérir le monde, ces entreprises ont besoin de capital. Pour l'obtenir, elles découpent leur propriété en des millions de parts, et les vendent au public.

Investir en bourse, c'est simplement acheter une de ces parts. On appelle ça une **action**. Quand vous achetez une action, vous n'êtes plus un simple client. Vous devenez un **actionnaire**. Vous possédez une minuscule, mais bien réelle, fraction de cette entreprise.

En tant qu'actionnaire :

1. **Vous pariez sur leur succès.** Si l'entreprise se développe, augmente ses profits et que sa valeur grandit, la valeur de votre part — votre action — augmente avec elle. Votre patrimoine grandit en même temps que le leur.

2. **Vous recevez une part du butin.** Certaines entreprises sont si profitables qu'elles partagent une partie de leurs bénéfices avec leurs propriétaires. C'est ce qu'on appelle un dividende. C'est de l'argent qui arrive sur votre compte, simplement parce que vous possédez l'action.

Investir en bourse n'est donc ni un jeu de hasard, ni un club privé pour experts en costume. C'est l'acte de placer votre argent dans le moteur de l'économie mondiale, en devenant copropriétaire des entreprises qui la font tourner.

## Ce n'est pas du Trading, c'est de l'Investissement

Il est crucial de comprendre cette distinction. C'est la différence entre jouer au casino et planter un verger.

- **Le Trading,** c'est l'adrénaline de l'achat-vente rapide. Des heures par jour, les yeux rivés sur les graphiques, essayant de prédire des micro-mouvements de prix. C'est un travail à temps plein, stressant, et où la grande majorité des gens perdent de l'argent. Ce n'est PAS ce que vous apprendrez dans ce livre.

- **L'Investissement,** notre approche, c'est la vision du long terme. C'est acheter des actifs de qualité (des parts d'entreprises solides) et les conserver pendant des années (5, 10, 20 ans ou plus). C'est planter un arbre en sachant que vous ne vous assiérez pas à son ombre demain, mais dans plusieurs années, quand il sera devenu grand et fort.

## Pourquoi la Bourse Est Votre Outil le Plus Puissant

Historiquement, sur plus d'un siècle, et malgré les guerres, les crises et les pandémies, la bourse s'est avérée être un outil formidablement performant pour deux raisons essentielles :

- **C'est votre bouclier contre l'inflation.** Sur le long terme, les rendements de la bourse ont largement dépassé le taux d'inflation. C'est le seul moyen de s'assurer que votre argent non seulement survit, mais qu'il gagne en puissance d'achat année après année.

- **C'est votre moteur de croissance.** En devenant actionnaire, vous attachez votre wagon à la locomotive de l'économie mondiale. Par exemple, l'indice S&P 500, qui représente le moteur des 500 plus grandes entreprises américaines, a généré un rendement annuel moyen d'environ 10% sur les très longues périodes. (Ce chiffre varie, mais il illustre le potentiel immense de croissance).

## Ce que vous achetez concrètement (les deux véhicules essentiels)

Pour l'investisseur intelligent qui veut bâtir sa richesse sans y passer ses journées, deux options se distinguent :

1. **Les Actions :** Une part d'une seule entreprise. Acheter une action Tesla, c'est parier sur la vision d'Elon Musk. Acheter une action Coca-Cola, c'est parier sur la puissance d'une marque mondiale.

2. **Les ETFs (Exchange Traded Funds) :** L'outil idéal pour commencer. Imaginez un panier contenant des centaines d'actions différentes. Un ETF, c'est un ticket qui vous rend propriétaire d'une petite partie de ce panier entier. En un seul achat, vous êtes diversifié. Vous possédez un morceau de tout le marché. C'est la manière la plus simple, la plus sûre et

la plus efficace de débuter.

Quand nous parlons d'investir dans ce livre, nous parlons principalement d'acheter des ETFs et quelques actions individuelles, avec une vision de long terme. C'est tout.

## Votre Règle d'Or : la Patience, Pas la Richesse Instantanée

La règle d'or de l'investisseur qui réussit n'est pas la vitesse. C'est la patience.

> *La bourse n'est pas une machine à sous. C'est un champ fertile.*

Votre but n'est pas de "faire un coup". Votre but est de planter vos graines, régulièrement, et de laisser le temps et les intérêts composés faire leur travail. C'est de bâtir, brique par brique, un patrimoine qui, un jour, travaillera pour vous.

**« Investir, c'est utiliser la puissance des plus grandes entreprises du monde comme levier pour votre propre succès. »**

Ce système, qui a bâti des fortunes sur des décennies, est aujourd'hui accessible à tous, même avec de petits montants. Il ne demande pas un capital de départ immense, mais une discipline de fer et une confiance inébranlable dans le temps.

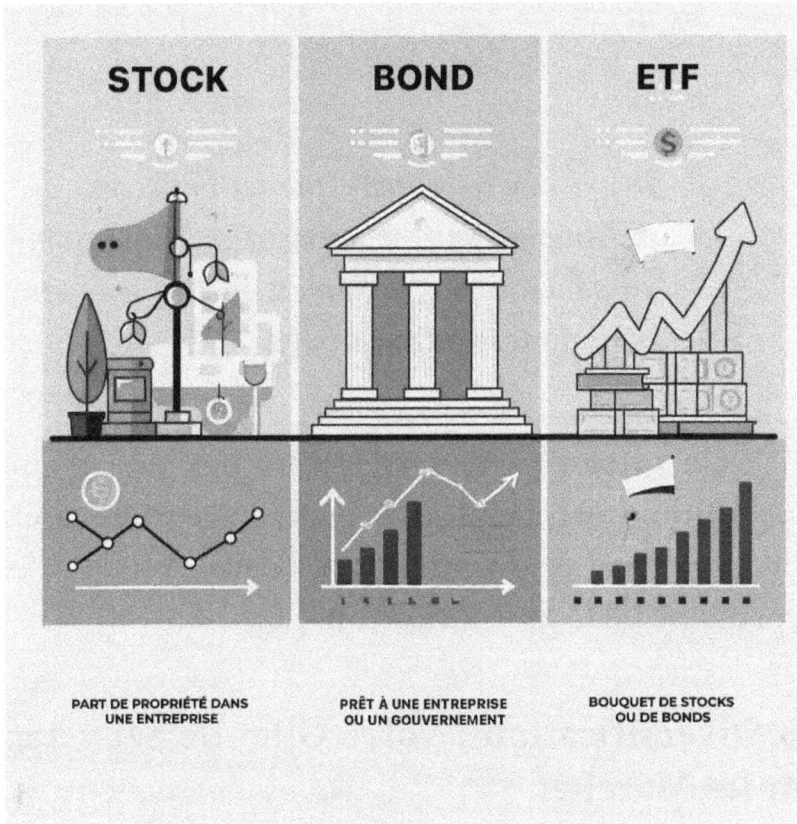

*Différence entre Action, Obligation, ETF*

# CHAPITRE 4

> " *Il y a une loi simple que les bâtisseurs de patrimoine se transmettent de génération en génération : ne jamais mettre tous ses œufs dans le même panier.*

Ce proverbe universel n'est pas une simple suggestion. C'est la règle d'or qui protège votre capital et vous permet de dormir sur vos deux oreilles. C'est le principe de la diversification.

## La Diversification : Votre Gilet de Sauvetage sur les Marchés

Investir, ce n'est pas jouer à la loterie en choisissant une seule entreprise dans l'espoir qu'elle devienne la prochaine multinationale. C'est une stratégie de pari à très haut risque. Même les entreprises les plus solides peuvent trébucher.

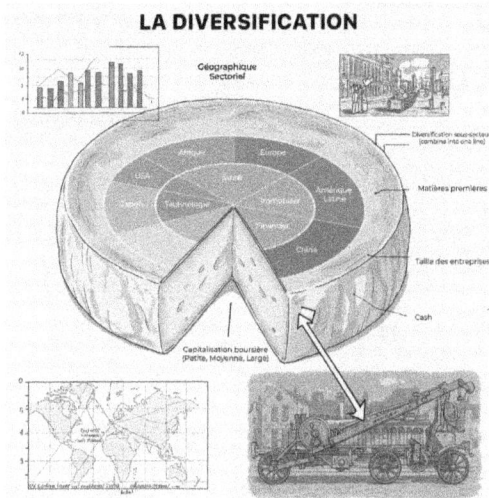

**LA DIVERSIFICATION**

*La Diversification : Ta Ceinture
de Sécurité en Bourse*

Diversifier, c'est l'art de répartir intelligemment votre argent. C'est comme bâtir une équipe de champions : vous ne misez pas tout sur un seul buteur star. Vous avez aussi besoin de défenseurs solides et de milieux de terrain fiables. L'idée est simple : si un de vos joueurs passe une mauvaise journée, le reste de l'équipe est là pour assurer la victoire.

En investissement, si un secteur ou une entreprise sous-performe, la performance positive des autres vient amortir le choc, voire compenser entièrement la perte. C'est la méthode la plus éprouvée pour réduire le risque sans sacrifier le potentiel de gains sur le long terme.

# Comment Diversifier Efficacement (et Simplement)

Heureusement, vous n'avez pas besoin d'être un expert pour construire un portefeuille diversifié. Les ETFs (Exchange Traded Funds) sont conçus précisément pour cela.

En achetant une seule part d'un ETF comme le **S&P 500,** vous devenez instantanément copropriétaire des 500 plus grandes entreprises américaines. En achetant une part d'un ETF **MSCI World,** vous investissez d'un coup dans les plus grandes entreprises des pays les plus développés du monde. Votre argent n'est plus concentré sur un seul pari, il est réparti sur l'ensemble de l'économie.

Vous pouvez penser la diversification à plusieurs niveaux :

- **Sectorielle :** Ne pas tout miser sur la technologie. L'économie est un océan où cohabitent la santé, la finance, l'énergie, les biens de consommation... Les ETFs larges vous répartissent automatiquement sur tous ces secteurs, vous évitant de faire un pari unique.

- **Géographique :** Ne pas tout miser sur un seul

pays, même le plus puissant. L'avenir se construit partout. Les ETFs mondiaux vous donnent une exposition aux moteurs de l'économie américaine, européenne, asiatique et au-delà, vous protégeant des risques spécifiques à une seule nation.

- **Par Capitalisation (Taille de l'entreprise) :** Ne pas miser uniquement sur les géants connus. L'économie est un écosystème où des entreprises de toutes tailles cohabitent, chacune avec son profil de risque et de croissance. On les classe généralement en trois catégories

  - **Large Cap (les Géants) :** Capitalisation de plus de 10 milliards de dollars. Ce sont les entreprises établies, stables et dominantes (ex: Apple, Microsoft).

  - **Mid Cap (les Challengers) :** Capitalisation entre 5 et 10 milliards de dollars. Souvent des entreprises en forte croissance, déjà bien établies mais avec une grande marge de progression.

  - **Small Cap (les Pépites) :** Capitalisation entre 300 millions et 5 milliards de dollars. Ce sont des entreprises plus jeunes et agiles, avec un potentiel de croissance explosif (et un risque plus élevé). Une bonne diversification cherche un équilibre entre la stabilité des géants et le potentiel des plus petites.

- **Par classe d'actifs :** Pour les plus avancés, il s'agit de combiner actions, obligations, immobilier, etc. Mais pour commencer, une bonne diversification via des ETFs d'actions qui couvrent déjà les différents secteurs, géographies et tailles d'entreprises est largement suffisante et incroyablement puissante.

⚠ **Attention au Risque de Change :** Ce concept vous semble technique et intimidant ? Laissez-moi vous prouver que non seulement vous le comprenez, mais que vous le maîtrisez déjà instinctivement. Chaque fois que vous envoyez de l'argent au pays, vous faites un calcul mental. Vous vérifiez le taux de change. Vous vous demandez : "Si j'envoie 100 euros aujourd'hui, combien arrivera-t-il en francs CFA, en pesos ou en dirhams ? Est-ce un bon jour pour envoyer ?"

Ce calcul, cette jonglerie que vous faites par nécessité, c'est exactement le risque de change en investissement. Vous êtes déjà un expert. Maintenant, appliquons cette compétence à la bourse. Quand vous vivez en France (en euros) et que vous achetez un ETF 100% américain, vous n'achetez pas seulement des actions. Vous achetez aussi des dollars américains. Votre investissement est donc soumis à deux forces : La performance des entreprises dans l'ETF.

La performance du dollar face à l'euro. Si les entreprises américaines performent et que le dollar se renforce face à l'euro, c'est une double victoire pour vous. Mais si le dollar faiblit, cela peut ronger une partie de vos gains, même si les actions se portent bien. Alors, que faire de cette information ?

Surtout, ne pas paniquer ou se sentir paralysé. Sur des décennies, ces fluctuations ont tendance à se lisser et à s'équilibrer. Mais au début de votre parcours, la simplicité est votre meilleure alliée. Voici la stratégie de départ, sans prise de tête : Privilégiez des ETFs libellés dans votre propre devise.

Si vous vivez au Canada, cherchez des ETFs cotés en dollars canadiens (CAD) sur la bourse de Toronto. Si vous êtes en France, cherchez des ETFs cotés en euros (EUR) sur Euronext. Utilisez des ETFs mondiaux qui gèrent ce risque.

Certains ETFs mondiaux (souvent avec "Hedged" dans leur nom) sont conçus pour neutraliser l'effet des taux de change, vous offrant une performance plus "pure" des actions internationales.

Pour l'investisseur local, le risque de change est une notion abstraite. Pour vous, c'est une réalité concrète que vous gérez chaque mois. Cette compréhension vous donne un avantage stratégique. Agissez en conséquence.

## La Stratégie du Dollar Cost Averaging (DCA) : Votre Arme Anti-Stress

« Le meilleur moment pour planter un arbre était il y a 20 ans. Le deuxième meilleur moment, c'est maintenant. » proverbe Chinois.

Cette sagesse nous mène directement à votre deuxième pilier : le Dollar Cost Averaging (DCA), ou l'investissement programmé. C'est votre super-pouvoir contre l'indécision.

La question qui paralyse 99% des débutants est : « Est-ce le bon moment pour investir ? » La vérité, c'est que personne ne le sait. Essayer de prédire les creux et les sommets du marché est un jeu de devinettes épuisant et souvent perdant.

Le DCA élimine cette question de l'équation.

# Qu'est-ce que le DCA, concrètement ?

Le principe est d'une simplicité désarmante. Vous investissez une somme fixe, à une fréquence régulière (par exemple, 100 $ chaque 15 du mois), que le marché soit en pleine euphorie ou en pleine panique.

- **Mois 1 (le marché est haut)** : Votre 100 $ achète moins de parts, car elles sont plus chères.
- **Mois 2 (le marché a baissé)** : Votre même 100 $ achète plus de parts, car elles sont en solde.
- **Mois 3 (le marché remonte)** : Votre 100 $ achète de nouveau un peu moins de parts.

Sans même y penser, vous achetez automatiquement plus de parts quand les prix sont bas et moins quand ils sont hauts. Sur le long terme, cette méthode lisse votre prix d'achat moyen et transforme la volatilité du marché en votre alliée.

## Pourquoi le DCA est l'outil parfait pour vous

- **C'est une discipline automatisée** : Fini le stress de la décision. Vous mettez en place un virement automatique et le système travaille pour vous.

- **Ça vous protège des erreurs émotionnelles** : Quand tout le monde panique et vend, votre plan continue d'acheter à bas prix. Quand tout le monde est euphorique et achète cher, votre plan vous empêche de vous emballer.
- **C'est parfait pour un budget mensuel** : Vous investissez au fur et à mesure que vous gagnez de l'argent, brique par brique.

## Mon Propre Test du Feu : Là où les autres voient une crise, j'ai appris à voir des soldes

La théorie est confortable. Elle ne vous coûte rien. Mais la réalité, elle, vous teste. Elle vous pousse dans vos retranchements et révèle si vos convictions sont solides ou si elles ne sont que du vent. Laissez-moi vous raconter comment ma conviction a été forgée, non pas dans le calme d'un livre, mais dans le chaos assourdissant de deux crises majeures.

Ma loi personnelle, celle que je me suis imposée avec la rigueur d'un serment, est simple : chaque mois, 15% de mon salaire est automatiquement investi. Pas 14%, pas 16%. Quinze. Ce n'est pas négociable. Ce n'est pas une option. C'est une loi. Peu importe mes envies, mes peurs ou les titres des journaux.

**Premier test : Mars 2020. Le Grand Confinement.** Le monde tel que nous le connaissions s'est arrêté. La peur régnait. Sur les chaînes d'information, les graphiques boursiers étaient une vision d'apocalypse. Le doute s'est insinué en moi : "Arrête tout. Protège le peu que tu as." Cette voix est la sirène de la médiocrité financière. Elle est séduisante, raisonnable. Elle est votre pire ennemie.

J'ai observé cette peur. Puis, j'ai fait confiance à mon système. Le 15 du mois, comme une horloge, le virement est parti. Il a obéi à l'ordre donné des mois auparavant. Et ce mois-là, pendant que le monde paniquait, mon argent achetait des parts d'entreprises extraordinaires à des prix que je n'aurais jamais osé espérer. Mon pilote automatique a pris le dessus sur ma panique. C'est ça, la discipline.

**Deuxième test : La Tourmente de 2025. Le Déjà-Vu.** Quelques années plus tard, le décor change, mais la pièce reste la même : panique sur les marchés. Mon DCA continuait son travail imperturbable. Mais cette fois, une autre voix s'est élevée : celle de l'opportunité. Je voyais bien que ce n'était pas une simple baisse. C'était un "Black Friday" sur les stocks des meilleures entreprises du monde.

C'est là que j'ai activé la deuxième partie de mon plan de bataille : la « **poudre sèche** » (**dry powder**).

Arrêtez de voir votre épargne comme un simple matelas de sécurité. Une partie de votre cash doit être vue pour ce qu'elle est : des munitions. Un trésor de guerre que vous gardez précieusement, non pas par peur, mais par préparation, prêt à être déployé quand le sang coule sur les marchés.

Alors, pendant que mon DCA assurait la défense, j'ai sorti la cavalerie. J'ai consciemment injecté une partie de cette poudre sèche pour acheter encore plus de parts à des prix défiant toute logique. Comprenez-vous la différence de mentalité ? Pendant que les amateurs se lamentent, l'investisseur sérieux se demande : "Où sont les soldes ?".

Quand les marchés ont inévitablement remonté, le résultat fut sans appel. Mon DCA avait construit une base solide. Mais la poudre sèche avait créé l'accélération fulgurante.

Voilà la leçon, sans fioritures : Votre DCA est votre discipline de temps de paix. C'est votre forteresse. Votre poudre sèche est votre courage en temps de guerre. C'est votre force de frappe. Arrêtez de souhaiter que les crises n'arrivent pas. Elles arriveront. La seule question qui vaille est : serez-vous prêt ?

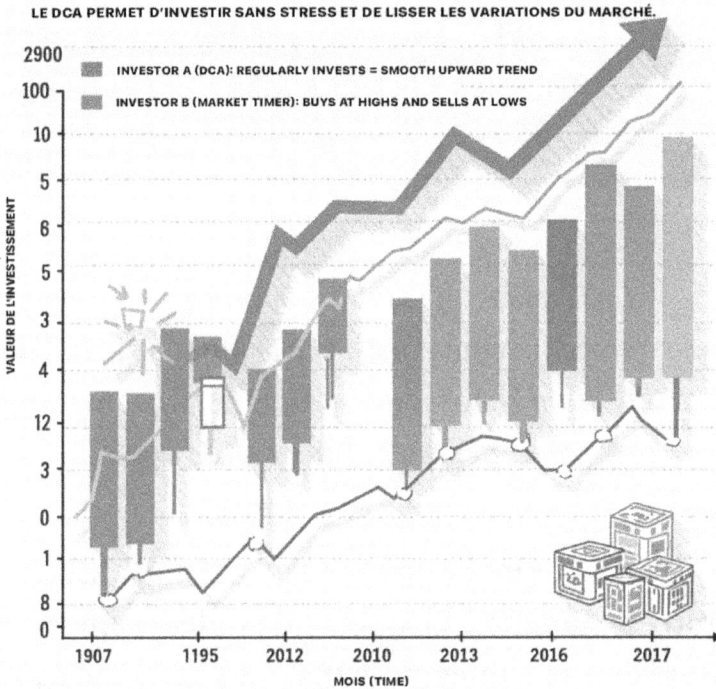

*La Diversification : Ta Ceinture*
*de Sécurité en Bourse*

# CHAPITRE 5

> *La plus grande barrière à votre enrichissement n'est pas le manque d'argent. C'est la richesse des mauvaises informations que vous acceptez comme des vérités.*

Dans la communauté des immigrants, peut-être plus qu'ailleurs, circulent des idées sur l'argent qui sont de véritables poisons. Ces croyances, nées de la peur, de l'expérience d'un autre système ou d'un manque d'information, agissent comme les barreaux invisibles de votre propre prison financière. Elles vous maintiennent sur la ligne de départ, vous empêchant de bâtir quoi que ce soit de solide dans votre nouvelle vie.

Aujourd'hui, nous n'allons pas discuter de ces mythes. Nous allons les traîner en pleine lumière et les exécuter, un par un. Si vous vous reconnaissez dans l'un d'eux, ne baissez pas les yeux. Regardez-le en face, et préparez-vous à lui dire adieu.

**Mythe n°1 : « La bourse, ce n'est pas pour les gens comme nous. » ARCHI-FAUX.** C'est le mensonge originel, celui qui protège l'ancien monde. La bourse est un système. Elle ne demande pas votre passeport, ne juge pas votre accent, et se moque de votre origine sociale. Elle ne répond qu'à des règles, à la discipline et à la patience. Si vous avez un compte en banque et le désir de bâtir un avenir, la bourse est un outil à votre service. Point final.

**Mythe n°2 : « Il faut être riche pour commencer à investir. » COMPLÈTEMENT FAUX.** C'est le mythe qui arrange ceux qui ne veulent pas que vous commenciez. Grâce aux courtiers en ligne modernes, vous pouvez démarrer avec 10, 20 ou 50 dollars/euros. La question n'est pas "combien ai-je pour commencer ?" mais "quand est-ce que je commence ?". Le succès ne dépend pas de la taille de votre première contribution, mais de la discipline avec laquelle vous effectuerez toutes les suivantes.

**Mythe n°3 : « Je préfère envoyer tout mon argent à ma famille, c'est plus utile. » UNE ERREUR DE CALCUL.** Aider sa famille est un honneur, pas une excuse. Mais sacrifier 100% de vos moyens pour le présent, c'est saboter votre capacité à aider dans le futur. C'est une vision à court terme. Rappelez-vous la sagesse de nos anciens : « On ne mange pas la graine de la semence. » Bâtir votre propre stabilité financière ici n'est pas un acte égoïste ; c'est la seule façon de garantir que vous serez une source d'aide fiable et durable, au lieu de devenir vous-même un fardeau demain.

**Mythe n°4 : « Je dois parler parfaitement la langue locale avant d'investir. » FAUX.** L'argent est le seul langage qui soit véritablement universel. Les chiffres sont les mêmes à Lomé, à New York ou à Montréal. La discipline n'a pas d'accent. Ce livre est la preuve que vous pouvez tout comprendre dans votre langue. Le reste n'est qu'une excuse pour procrastiner.

**Mythe n°5 : « C'est trop risqué, je peux tout perdre du jour au lendemain. » FAUX.** Le risque de "tout perdre" est le risque du joueur, du spéculateur qui mise tout sur un coup. Vous êtes un investisseur, pas un joueur. Risquer de tout perdre n'est pas le risque de l'investisseur. Le véritable risque, celui qui est garanti à 100%, c'est de ne RIEN faire, et regarder votre épargne se faire dévorer vivante par l'inflation, année après année. Une diversification intelligente de votre portefeuille ne supprime pas le risque, elle le dompte. Elle le rend gérable.

**Mythe n°6 : « Je suis trop vieux/vieille pour commencer maintenant. »FAUX.** Le seul moment où il est trop tard pour planter un arbre, c'est quand vous êtes mort.

Bien sûr, votre stratégie sera différente de celle d'un jeune de 20 ans — peut-être plus prudente, plus axée sur la préservation du capital. Mais le principe de base reste le même, et il est non-négociable : l'inaction est l'ennemi.

Tant que vous avez un horizon de temps devant vous, même 5 ou 10 ans, chaque année où votre argent dort est une année de gains potentiels que vous ne rattraperez jamais.

Le problème n'est pas votre date de naissance. C'est votre date de départ. Et cette date, c'est aujourd'hui.

**Mythe n°7 : « Je vais attendre que le "bon moment" arrive. » FAUX.** C'est l'excuse la plus élégante pour ne jamais rien faire. Le " moment parfait" n'existe pas. C'est une illusion pour ceux qui ont peur de se lancer. La seule stratégie qui fonctionne n'est pas le timing du marché (essayer de deviner les creux), mais le temps dans le marché (la durée pendant laquelle vous restez investi). Commencez maintenant. Le DCA est votre allié, pas le "bon moment".

**Mythe n°8 : « Il faut être un expert en finance et suivre l'actualité tous les jours. » FAUX.** Ce mythe est entretenu par une industrie financière qui profite de votre sentiment d'infériorité. Pour la stratégie d'investissement passif à long terme de ce livre, vous n'avez pas besoin de suivre les infos, d'analyser des graphiques ou de lire le Wall Street Journal. Vous avez besoin de comprendre les principes fondamentaux (ce que nous faisons ici) et d'avoir un système. Votre temps est mieux utilisé à vivre votre vie et à gagner de l'argent qu'à essayer de prédire les marchés.

**Mythe n°9 : « Je vais investir quand j'aurai fini de payer toutes mes dettes. » UNE QUESTION DE PRIORITÉS.** Cette idée part d'un principe sain, mais elle échoue à faire une distinction vitale : toutes les dettes ne sont pas vos ennemies. Certaines sont un poison à éliminer d'urgence, d'autres sont simplement des composantes d'une vie normale.

## 1. Les Dettes Toxiques (Votre Priorité Absolue)

Ce sont les dettes à taux d'intérêt élevé, contractées pour de la consommation. Exemples : Dettes de carte de crédit (>15%), crédits renouvelables, prêts personnels pour des vacances ou des gadgets.

La règle ici est simple : c'est la guerre. Chaque euro que vous utilisez pour rembourser une dette à 20% est un gain garanti de 20%. Rien d'autre ne peut battre ça. Avant de penser à investir, votre mission unique et urgente est de mobiliser toutes vos forces pour anéantir ces dettes.

## 2. Les Dettes de Construction (aussi appelées "dettes positives")

Une fois l'incendie éteint, il reste les dettes qui vous ont permis de bâtir votre vie. Celles que j'approuve et que vous pouvez gérer sainement :

- Un **prêt immobilier** pour votre foyer.
- Un **prêt étudiant** qui a financé vos compétences.
- Un **prêt auto** pour un véhicule fiable qui vous permet de travailler, pas pour une voiture de luxe.

Attendre que ces dettes soient entièrement remboursées (dans 10, 20 ou 30 ans) pour commencer à investir n'est pas une stratégie prudente. C'est un suicide financier. C'est la garantie de sacrifier des décennies de croissance et de vous retrouver démuni à l'âge de la retraite.

### Le Plan d'Action Serein et Réaliste :

- **Phase 1 : Éradication.** Concentrez-vous à 100% sur l'élimination de vos dettes toxiques. L'investissement attendra la fin de cette bataille.
- **Phase 2 : Construction Parallèle.** Une fois les dettes toxiques éliminées, vous lancez une double offensive. Vous continuez de payer vos mensualités normales pour vos dettes de construction (maison, voiture, études) **ET** vous commencez à investir systématiquement chaque mois via votre DCA.

L'objectif est double : premièrement, s'assurer que vos dettes toxiques ne viennent pas annuler les gains de vos investissements. Deuxièmement, c'est d'apprendre à ne pas laisser les dettes de construction paralyser votre avenir financier, mais de les intégrer dans un plan global où votre patrimoine net grandit chaque mois.

**Mythe n°10 : « Je ne peux pas investir parce que je suis entrepreneur / à mon compte. » FAUX.** C'est même le contraire. Être votre propre patron est une raison de plus de construire votre propre sécurité financière, car personne d'autre ne le fera pour vous. Dans de nombreux pays, il existe des plans d'investissement efficace avec des avantages fiscaux spécifiquement conçus pour les indépendants. Votre statut n'est pas un obstacle, c'est un mandat pour prendre votre avenir en main.

**Mythe n°11 : « Les plateformes en ligne vont voler mon argent ou faire faillite. » FAUX, SI VOUS N'ÊTES PAS NAÏF.** Choisir son courtier, c'est comme choisir sa banque. Vous ne confiez pas votre argent au premier venu dans une ruelle sombre. Vous choisissez une institution reconnue, solide et régulée par les autorités de votre pays. Dans ce cadre, votre argent est protégé par de multiples couches de sécurité. La vraie arnaque n'est pas le courtier régulé. La vraie arnaque, c'est l'inflation qui vole votre argent en silence, chaque jour, pendant qu'il dort sur votre propre compte en banque.

Ces 11 mensonges sont maintenant exposés. Les barreaux de votre prison mentale sont sciés. Le tribunal de vos propres excuses a rendu son verdict.

Vous êtes libre de passer à autre chose.

# CHAPITRE 6

« **L'investisseur débutant espère une mer
sans orages. L'investisseur intelligent se prépare
en bâtissant un navire capable de résister à
n'importe quelle tempête.** »

Soyons directs : l'investissement comporte des
risques. Quiconque vous dit le contraire est soit un
menteur, soit un idiot. La bourse n'est pas un compte
épargne. Sa valeur fluctue. C'est un fait. Acceptez-le.

Mais voici une autre vérité : la plus grande prise
de risque de votre vie n'est pas d'investir. C'est de ne
RIEN faire. C'est de laisser votre argent dormir sur
un compte en banque, où sa mort par inflation est
une certitude mathématique.

La compétence d'un investisseur qui réussit
n'est pas d'éviter le risque — c'est impossible. C'est
de le regarder droit dans les yeux, de le comprendre,

et de lui imposer vos règles du jeu. On ne fuit pas les vagues. On apprend à naviguer.

## Le Véritable Ennemi : Vous-Même

Avant même de parler des marchés, parlons de l'ennemi le plus dangereux, celui qui est responsable de 90% des pertes des débutants : vous.

### 1. Vos Émotions : Vos Pires Conseillères

- **La Peur** : C'est elle qui vous hurle de vendre au plus bas, transformant une perte temporaire sur papier en une catastrophe réelle et définitive. La peur vous fait trahir votre plan au pire moment possible.

- **La Cupidité** : C'est elle qui vous susurre de courir après le "coup du siècle", vous jetant sur des actions volatiles ou des promesses ridicules d'argent rapide. La cupidité vous fait oublier que la richesse se construit comme une cathédrale, pas comme un feu de paille.

**Votre Plan de Bataille** : Un système froid contre des émotions chaudes. Votre stratégie de DCA est conçue pour fonctionner que vous soyez euphorique ou terrifié. Faites confiance au système, pas à votre instinct. Votre instinct est un très mauvais conseiller financier.

## 2. Le Manque de Connaissance : Naviguer à l'Aveugle

Investir dans quelque chose que vous ne comprenez pas n'est pas de l'investissement. C'est un pari stupide. C'est donner votre argent durement gagné en espérant que la chance vous sourira.

> *Un investisseur qui néglige son éducation est son propre saboteur.*

**Votre Plan de Bataille** : L'humilité et l'éducation. Ce livre est votre première formation. Comprenez les bases. N'investissez jamais dans un produit juste parce qu'il est "tendance". Si vous ne pouvez pas l'expliquer simplement à un enfant de 10 ans, n'y mettez pas un seul centime.

## 3. La Concentration Excessive : Bâtir une Forteresse sur un Seul Pilier

Mettre tout votre argent sur une seule action, même une entreprise que vous adorez, est une folie. C'est construire une forteresse avec un seul mur. Si ce mur cède, tout s'effondre.

**VotrePlandeBataille:**LaDIVERSIFICATION. C'est la loi de fer que nous avons martelée. Utilisez des ETFs larges. Répartissez vos forces. Ne donnez jamais à un seul actif le pouvoir de détruire votre avenir.

Maîtrisez ces trois ennemis internes, et vous serez déjà plus solide et mieux préparé que la majorité des gens sur le marché.

## Les Ennemis Extérieurs : Les Risques du Marché

Une fois votre propre comportement sous contrôle, vous pouvez gérer sereinement les risques externes.

- **Le Risque de Marché (La Volatilité)** : Les marchés montent et descendent. C'est normal. C'est le battement de cœur de l'économie. Comment le gérer : Avec le temps. Votre horizon de long terme (10, 20, 30 ans) est votre bouclier. Une crise qui dure deux ans n'est qu'un simple soubresaut sur une échelle de trente ans. Rappelez-vous la crise de 2008 : ceux qui ont paniqué et vendu ont tout perdu. Ceux qui sont restés investis (ou qui ont continué à acheter) ont vu leur patrimoine atteindre de nouveaux sommets historiques.

- **Le Risque de Devise** : Nous en avons déjà parlé. C'est le risque que vous, en tant qu'immigrant, comprenez déjà mieux que personne. C'est un paramètre, pas une menace. Gérez-le en privilégiant des ETFs dans votre devise locale au début de votre parcours.

- **Le Risque de Liquidité** : C'est le risque de ne pas pouvoir vendre quand vous le voulez. **Comment le gérer** : En investissant dans des actifs liquides et reconnus (grands ETFs, actions de grandes entreprises). Et surtout, en ayant un fonds d'urgence séparé. On ne vend jamais ses investissements pour réparer une fuite d'eau. Jamais.

- **Le Chant des Sirènes (Suivre la Foule)** : C'est le risque d'investir dans une action parce que "tout le monde en parle" sur TikTok ou qu'un "influenceur" vous l'a recommande. **Comment le gérer** : Avec discipline. Coupez le bruit. Ne suivez jamais aveuglément. Revenez à votre plan, à votre stratégie, aux fondamentaux de ce livre. Tout ce qui semble trop beau pour être vrai EST trop beau pour être vrai.

L'amateur voit le risque comme une raison de ne pas agir. L'investisseur éclairé voit le risque comme le prix à payer pour la croissance — un prix qui se négocie à la baisse grâce à une stratégie de fer.

Vous avez maintenant le manuel. Vous comprenez le terrain et les ennemis, internes comme externes. La peur de l'inconnu est partie. Reste la discipline de l'exécution.

# CHAPITRE 7

LES 5 PIÈGES FINANCIERS QUI
DÉTRUISENT LE RÊVE IMMIGRANT

*"*

*Ce qu'on ne vous dit jamais... et ce que vous devez absolument éviter pour bâtir un véritable patrimoine.*

Votre éthique de travail est un moteur surpuissant. Personne ne travaille plus dur qu'un immigrant déterminé à réussir. Mais un moteur, même le plus puissant, dirigé dans la mauvaise direction, vous mène droit au désastre.

Les bonnes intentions, sans une stratégie financière juste, pavent souvent la route de l'échec. Voici les erreurs les plus coûteuses que j'ai observées. Des pièges dans lesquels tombent des milliers de nos frères et sœurs. Des pièges que vous allez maintenant apprendre à voir venir et à éviter.

## Piège n°1 : Le Mirage de l'Assurance-Vie "Miracle" (IUL)

Aux États-Unis notamment, on vous le présentera comme la solution parfaite : la sécurité de l'assurance, le potentiel de la bourse, le tout sans risque et avec des avantages fiscaux. C'est un discours de vente bien rodé, spécifiquement conçu pour séduire ceux qui recherchent la sécurité avant tout.

La réalité ? Un IUL (Indexed Universal Life) est d'abord et avant tout une **assurance-vie**. Ce n'est PAS un produit d'investissement pur. On vous vend un couteau suisse, mais c'est une très mauvaise cuillère, une très mauvaise fourchette et un très mauvais couteau.

- **Croissance Plafonnée :** Vous ne profiterez jamais pleinement des hausses du marché. Un "plafond" (cap) bloque systématiquement vos gains.
- **Avalanche de Frais :** C'est là que le piège se referme. Votre performance est dévorée par les frais de gestion, les frais administratifs, et surtout, le coût de l'assurance qui explose avec l'âge, vidant votre compte de sa substance.
- **Objectif Dévoyé :** Sa fonction est la protection en cas de décès. Pas votre enrichissement.

**La règle de fer est la suivante : ne mélangez jamais vos assurances et vos investissements.**

Votre assurance-vie est là pour protéger votre famille en cas de tragédie. Point. Votre Roth IRA et votre 401(k) sont là pour construire votre richesse. Point.

Tenter de faire les deux avec un seul produit, c'est la garantie de mal faire les deux. Certains "stratèges" vous diront qu'un IUL peut avoir sa place dans un plan patrimonial très avancé. Peut-être. Mais nous ne sommes pas ici pour construire un château de cartes complexe. Nous sommes ici pour bâtir une forteresse simple et solide.

Pour vous, aujourd'hui, l'IUL n'est pas une "arme stratégique". C'est une distraction coûteuse. Ignorez-la et concentrez-vous sur les outils qui fonctionnent : la simplicité et l'efficacité d'un Roth IRA ou d'un 401(k).

## Piège n°2 : Le "Capital Mort" au Pays

Acheter un terrain au village. Bâtir une maison dans son quartier d'origine. Le geste est symbolique, une source de fierté immense. C'est une façon de dire : "Je n'ai pas oublié d'où je viens."

Financièrement, c'est souvent une catastrophe. C'est l'art de transformer des dizaines de milliers de dollars durement gagnés en "capital mort".

- **Rendement Nul** : Ce bien ne génère aucun revenu, mais il crée des coûts sans fin (entretien, taxes, gardiennage).
- **Chaos Administratif** : Les problèmes de titres de propriété, les litiges familiaux et la corruption locale peuvent transformer votre rêve en un cauchemar bureaucratique.
- **Liquidité Zéro** : Essayez de vendre rapidement en cas d'urgence. C'est souvent impossible.

La question à vous poser, sans sentimentalisme : "Cet argent est-il un soldat qui se bat pour ma liberté financière, ou un prisonnier que je paie pour garder en cage ?"

## Piège n°3 : Bâtir le Musée de son Absence

C'est l'erreur la plus déchirante, car elle est visible à l'œil nu. Des immigrants qui vivent dans la précarité ici, pour construire une villa somptueuse là-bas. Une villa qu'ils n'habiteront que deux semaines par an, dans le meilleur des cas.

**Le résultat est une tragédie silencieuse :** la peinture s'écaille, les poignées rouillent, la maison prend la poussière et attend un propriétaire qui ne viendra jamais vraiment. Vous construisez une façade pour impressionner une société que vous avez quittée, au détriment de votre qualité de vie et de votre avenir réel.

**La stratégie gagnante :** Faites d'abord grandir votre portefeuille, pas votre façade. Atteignez l'indépendance financière ici. Quand vous serez libre, vous pourrez bâtir ce que vous voulez, où vous voulez. Sans dettes, sans pression, et la tête haute.

### Piège n°4 : La Chanson des Sirènes de l'Argent Facile

« Donne-moi 500 $, je te rends 5 000 $ en deux semaines. » « C'est un investissement communautaire secret qui rapporte 40 % garantis. » « Rejoins mon groupe de trading, c'est infaillible. »

Soyons clairs : ce sont des arnaques. Point final. Elles ciblent spécifiquement les gens qui travaillent dur et qui espèrent un raccourci vers une vie meilleure.

L'investissement authentique est un processus.

Il est "ennuyeux". Il demande du temps, de la patience et de la discipline. Il n'y a pas de secret. S'il existait un moyen de devenir riche rapidement sans risque, le monde entier l'utiliserait déjà. Refusez le raccourci. Embrassez le processus.

## Piège n°5 : Confondre les Outils de Statut et les Actifs de Richesse

Tout ce qui coûte cher n'est pas un investissement. Un investissement est un actif qui est censé vous **rapporter** de l'argent. Le reste, ce sont des dépenses, ou des passifs.

- Une voiture de luxe ? C'est un passif. Elle perd de la valeur chaque seconde.
- Un mariage à 50 000 $ à crédit ? C'est une dépense qui crée une dette toxique.
- Le dernier smartphone ? Une dépense.

L'investisseur intelligent développe une nouvelle mentalité. Avant chaque décision financière importante, il active son "Cerveau ROI" (Retour sur Investissement) et se pose les questions non-négociables :

1. Cet achat va-t-il me rapporter de l'argent ? (ROI)

2. Quel est le risque que je prends ?
3. Quels sont les coûts cachés (entretien, frais, taxes) ?

Ne laissez jamais la pression sociale, la nostalgie ou une émotion dicter votre stratégie financière.

La vraie réussite, ce n'est pas d'impressionner ceux que vous avez laissés derrière vous. C'est de bâtir une liberté financière inébranlable, ici, là où vous vivez. C'est là que vous avez le contrôle.

Le jour où vous retournerez au pays, vous n'entrerez pas en survivant qui a tout sacrifié pour les apparences.

Vous entrerez en conquérant.

## Table de Comparaison

| Outils | Objectif Principal | Croissance | Accessibilitte | Risques |
|--------|---------|------------|----------------|---------|
| ETF (Fonds Indiciel) | Croissance du capital | Illimitée | Très Facile | Moyens à Élevés |
| Roth IRA | Retraite/ Croissance | Illimitée (Long Terme) | Moyenne | Faible à Moyen |
| IUL | Protection + Épargne | Illimitée (Plafond) | Moyenne | Faible (mais cher) |

# CHAPITRE 8

" *La connaissance est une carte. L'action est le premier pas du voyage. L'un sans l'autre ne mène nulle part.*

Vous avez maintenant la carte. Vous comprenez les principes, les stratégies et les pièges. Vous savez pourquoi vous devez investir pour sécuriser votre avenir. Mais entre savoir et faire, il y a un gouffre : celui de la peur.

La peur de se tromper, de faire une erreur irréversible. Laissez-moi vous dire une chose : la seule erreur irréversible, c'est de ne jamais commencer. Ce chapitre est votre ordre de marche. Suivez-le pas à pas. Sans stress. Sans excuses.

## 1. Choisir Votre Plateforme (Votre Courtier en Ligne)

Votre courtier est votre porte d'accès au champ de bataille économique. Le choisir est votre première décision stratégique. Voici les critères de sélection. Ils ne sont pas négociables.

- **La Régulation et la Sécurité :** Le Critère Absolu. Le courtier doit être régulé par l'autorité de votre pays (SEC/FINRA aux USA, OCRCVM au Canada, AMF en France, etc.). C'est la garantie que vous ne confiez pas votre argent à un amateur ou à un escroc. Toute plateforme non régulée est à fuir comme la peste.

- **Les Frais :** L'Ennemi Silencieux. Exigez des frais de transaction nuls ou quasi nuls sur les actions et ETFs. Traquez les frais de compte ou d'inactivité. Chaque dollar payé en frais est un dollar qui ne travaille pas pour vous.

- **La Simplicité :** Votre Alliée. Vous n'êtes pas un trader de Wall Street. Vous n'avez pas besoin d'une interface d'avion de chasse. Cherchez une plateforme claire, intuitive, qui rend l'investissement simple, pas intimidant.

- **L'Accès aux Bons Outils :** Assurez-vous que la plateforme offre une large sélection d'ETFs et, si possible, l'achat d'actions fractionnées (pour investir un montant fixe) et la mise en place d'investissements automatiques.

**Exemples de courtiers (ceci n'est pas une recommandation, faites vos propres recherches - DYOR) :**

- **USA** : Fidelity, Charles Schwab, Vanguard, Robinhood.
- **Canada** : Questrade, Wealthsimple Trade.
- **Europe** : eToro, DEGIRO, Trade Republic, Interactive Brokers.

## 2. Ouvrir Votre Compte : L'Administration, Pas un Examen

C'est une simple formalité administrative. Pensez-y comme ouvrir un compte bancaire. Vous remplirez vos informations, vérifierez votre identité, connecterez votre compte bancaire et fournissez votre numéro d'identification fiscale. Cela prend 30 minutes. Ne laissez pas une tâche administrative devenir un blocage psychologique d'un mois. Faites-le.

## 3. Effectuer Votre Premier Dépôt : Tuer l'Hésitation

Votre compte est ouvert. Bravo. Virez-y de l'argent. Maintenant. Peu importe le montant. 50 $, 100 $... L'objectif de ce premier virement n'est pas la richesse. C'est de **briser l'inertie**. C'est de prouver à vous-même que vous êtes passé du statut de "celui qui sait" à celui de "celui qui fait".

## 4. Acheter Votre Premier Actif : Planter la Graine

Avec de l'argent sur votre compte, l'heure est

venue. Pour un débutant, la stratégie la plus sage est d'investir dans un **ETF largement diversifié** (comme un ETF S&P 500 ou Monde).

⚠ **Important** : Ce livre vous apprend à pêcher, il ne vous donne pas le poisson. Faites vos recherches sur les ETFs disponibles, vérifiez que leurs frais de gestion (TER) sont bas, et choisissez celui qui correspond à votre stratégie de diversification.

Sur votre plateforme, cherchez l'ETF, indiquez le montant, et validez. Cliquer sur "Acheter", c'est comme cliquer sur "Commander" sur Amazon. Sauf qu'au lieu d'un objet qui perd de la valeur, vous achetez un actif conçu pour en prendre. Félicitations, vous êtes un investisseur.

## 5. Automatiser Votre Discipline : La Machine à Bâtir la Richesse

C'est l'étape qui sépare les amateurs des futurs millionnaires. Ne comptez pas sur votre mémoire ou votre motivation pour investir chaque mois. C'est une stratégie perdante. La vie trouvera toujours une excuse pour vous faire dévier.

**Automatisez. Votre. Système.** Configurez un virement automatique de votre banque vers votre courtier juste après votre paie. Puis, si possible, configurez un achat automatique de votre ETF. C'est le DCA en action. Les vrais gagnants ne "décident" pas d'investir chaque mois. Leur système le fait pour eux. La discipline est automatisée.

## Mon Expérience Personnelle : Le Système Avant Tout

Pendant mes années dans l'US Air Force, j'ai compris une chose : si je devais "penser" à investir, j'échouerais. J'ai donc mis en place le système le plus simple et le plus brutal : un prélèvement automatique sur mon salaire vers mon compte d'investissement (mon TSP), **avant même que l'argent n'arrive sur mon compte courant.**

L'argent était investi avant que je puisse le voir, le toucher ou le dépenser. C'était devenu une taxe que je me payais à moi-même, pour ma future liberté. À chaque promotion, j'augmentais ce prélèvement. Ce système tourne encore aujourd'hui en arrière-plan, plantant mes graines en silence, que je sois réveillé, endormi, occupé ou en vacances.

## Votre Dernier Test : L'Art de Ne Rien Faire

Votre système est en place. Votre dernier test de discipline commence : résistez à la tentation de regarder votre compte tous les jours. C'est un poison. Les marchés fluctuent. Regarder ces fluctuations génère un stress inutile et vous pousse à prendre de mauvaises décisions. Votre horizon est le long terme. Contrôlez votre portefeuille une fois par trimestre, pas plus. Laissez le système faire son travail.

**Félicitations. Vous n'êtes plus un spectateur. Vous êtes officiellement un investisseur.**

Vous n'avez pas seulement planté une graine. Vous avez revendiqué votre droit à un avenir financier prospère. Maintenant, regardons comment faire de cette graine une forêt.

# CHECKLIST D'ACTION

## À VOUS DE JOUER !

---

☐ OUVREZ VOTRE COMPTE D'INVESTISSEMENT
La première étape administrative. Faites-la aujourd'hui.

☐ INVESTISSEZ VOS PREMIERS 20 $
Le montant est symbolique. L'action est tout ce qui compte. Brisez l'iner

☐ ÉTABLISSEZ VOTRE MONTANT MENSUEL (DCA)
Votre engagement envers votre futur. Rendez-le automatique.

☐ DIVERSIFIEZ VOTRE PORTEFEUILLE
Choisissez un ETF large. Ne pariez jamais sur un seul cheval.

☐ CONSTITUEZ VOTRE RÉSERVE DE POUDRE SÈCHE
Mettez de l'argent de côté pour les futures opportunités (les crises).

☐ REJOIGNEZ LE WINNERS' CIRCLE
Entourez-vous de bâtisseurs. Ne restez pas seul.

☐ PLANIFIEZ VOTRE RÉCOMPENSE
Célébrez cette étape majeure. Vous l'avez mérité.

---

**Votre première graine est plantée.**

**Le voyage vers votre liberté financière a officiellement commencé.**

---

Chaque case cochée est une victoire. Répétez. Persistez. C'est ça, la disciplin

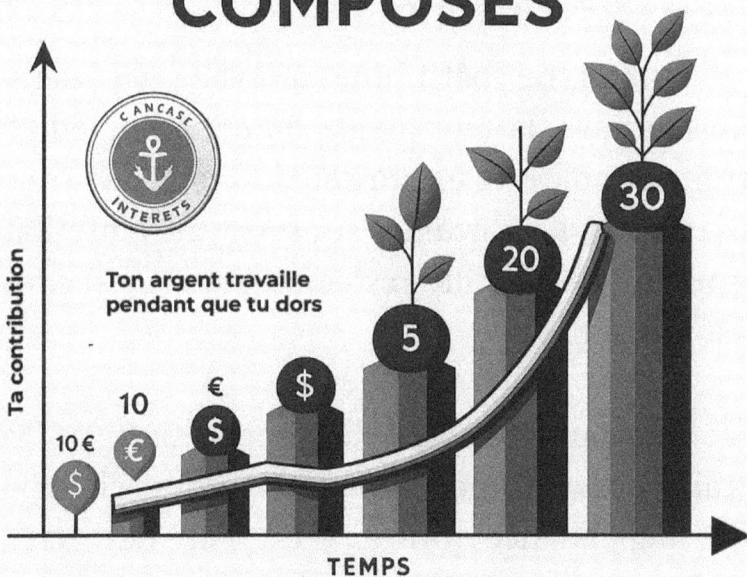

LA MAGIE DES INTÉRÊTS COMPOSÉS

Ta contribution

Ton argent travaille pendant que tu dors

TEMPS

# CHAPITRE 9

> *Un jour, vous ne travaillerez plus. La question est : sera-ce par choix ou par obligation ?*

Quand on bâtit une nouvelle vie dans un nouveau pays, la tête pleine de défis immédiats, la retraite semble être un concept lointain, un luxe pour plus tard. On se concentre sur le travail, l'installation, le soutien à la famille restée au pays. C'est normal. C'est humain.

Pourtant, ignorer la préparation de votre retraite, c'est forger vous-même les chaînes de votre dépendance future. C'est l'un des actes les plus importants que vous puissiez accomplir, car il déterminera la qualité et la dignité de vos dernières années.

Les excuses que l'on se donne — "j'aurai le

temps", "je retournerai peut-être au pays", "je n'ai pas assez d'argent" — sont compréhensibles. Mais elles mènent toutes à la même destination : se retrouver à 65 ans, vulnérable, dans un pays où le filet de sécurité social et familial n'est pas celui que vous avez connu.

## La Retraite : Votre Mission, et la Vôtre Seule

Dans beaucoup de nos cultures d'origine, la famille est le premier système de retraite. En Occident, la dynamique est différente. Compter uniquement sur vos enfants est un pari risqué et souvent une charge que vous ne souhaitez pas leur imposer. La responsabilité de financer votre avenir vous incombe.

La bonne nouvelle ? Vous n'êtes pas seul face à cette mission. Votre pays de résidence met à votre disposition des outils surpuissants, des "enveloppes fiscales" conçues pour décupler vos efforts. Les ignorer, c'est se battre avec une main attachée dans le dos.

## Votre Arsenal pour la Retraite : Les Comptes à Avantage Fiscal

Chaque pays propose ses propres dispositifs. Voici un aperçu des principaux outils dans votre arsenal.

**Aux États-Unis**

- **401(k)** : Si votre employeur le propose, c'est votre priorité n°1. Pourquoi ? Le "matching" **(l'abondement).** C'est de l'argent gratuit. Si votre employeur double vos contributions jusqu'à 5% de votre salaire, c'est un rendement immédiat et garanti de 100%. Ne pas en profiter est une faute financière grave.
- **Traditional IRA** : Vos contributions sont déductibles d'impôt aujourd'hui. Vous payerez l'impôt sur les retraits à la retraite. Idéal si vous pensez que votre taux d'imposition sera

**Et si tu avais investi dans BRK/A en 1980 ?**

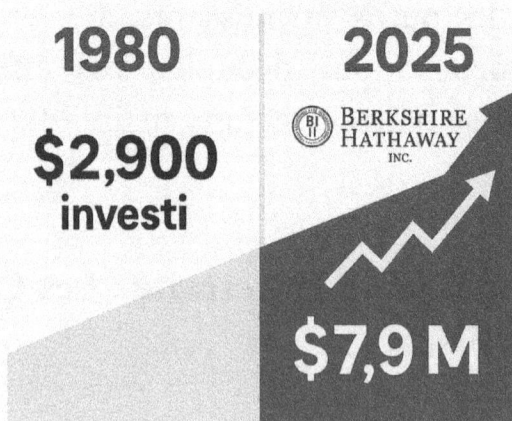

**1980**

**2025**

**$2,900** investi

BERKSHIRE HATHAWAY INC.

**$7,9 M**

*"Et si tu avais investi dans BRK/A en 1980 ?"*

plus faible dans le futur.

- **Roth IRA** : Vous contribuez avec de l'argent déjà imposé. En échange, la croissance et tous les retraits à la retraite sont 100% libres d'impôt. Un outil d'une puissance phénoménale si vous pensez que vos impôts seront plus élevés plus tard.
- **Pour les Indépendants :** Les Solo 401(k) ou SEP IRA vous offrent des avantages similaires. Être votre propre patron est une raison de plus de préparer agressivement votre retraite.
- ⚇ Focus Militaire : Le TSP (Thrift Savings Plan) Si vous servez dans le service militaire américain, le TSP est votre 401(k). Dans le cadre du Blended Retirement System (BRS), l'État abonde vos contributions jusqu'à 5% de votre paie de base. C'est un ordre : contribuez au minimum 5% pour ne laisser aucun dollar gratuit sur la table. Un simple investissement de 100$ de votre part devient 200$ instantanément. Sur 20 ans, cet "argent gratuit" peut à lui seul représenter des dizaines de milliers de dollars pour votre avenir.

**Au Canada**

- **REER (Régime Enregistré d'Épargne-Retraite) :** L'équivalent du Traditional IRA. Vos cotisations réduisent votre impôt aujourd'hui, et les retraits sont imposés à la retraite.

- **CELI (Compte d'Épargne Libre d'Impôt) :** L'équivalent surpuissant du Roth IRA. Pas de déduction à l'entrée, mais croissance et retraits totalement non imposables. C'est un pilier de toute stratégie de richesse au Canada.

### En Europe

Il n'y a pas de système unifié, il est donc crucial de connaître les outils de votre pays de résidence.

- France : Le PER (Plan d'Épargne Retraite) est l'outil principal. Il offre par défaut une déduction fiscale sur vos versements (comme le Traditional IRA), mais vous pouvez choisir d'y renoncer pour une fiscalité plus douce à la sortie (proche du Roth IRA).
- Royaume-Uni : Le SIPP (Self-Invested Personal Pension) fonctionne comme un Traditional IRA (l'État abonde vos cotisations via un crédit d'impôt). L'ISA (Individual Savings Account) est l'équivalent du Roth IRA : tout ce qui est à l'intérieur grandit et sort sans impôt.
- Autres pays : Chaque nation a ses spécificités (Assurance-vie, plans d'épargne...). Renseignez-vous. Ne pas utiliser les outils fiscaux de votre

pays, c'est payer volontairement plus d'impôts que nécessaire.

### La Stratégie : Commencer, Tout Simplement

L'ennemi n'est pas le montant que vous pouvez investir. L'ennemi est l'attente. La plus grande erreur est de penser qu'il faut attendre d'être "à l'aise" pour commencer. C'est un piège.

Commencer avec 50 ou 100 dollars/euros par mois, dès aujourd'hui, est infiniment plus puissant que d'attendre 10 ans pour investir 500 dollars par mois. Le temps et les intérêts composés sont les seules magies qui existent en finance. Ne gaspillez ni l'un ni l'autre.

Votre retraite ne se prépare pas à 60 ans. Elle commence le jour où vous comprenez que personne ne le fera pour vous. N'attendez pas de vous dire un jour avec amertume : « Si seulement j'avais su... »

Vous savez maintenant.

Ce ne sont pas les regrets qui paieront vos factures demain. Ce sont les ordres que vous donnerez à votre argent, dès aujourd'hui.

| | Outil | Description | Avantages Fiscaux Typiques | Similaire à (dans d'autres pays) |
|---|---|---|---|---|
| **États-Unis** | 401(k) | Plan d'épargne entreprise avec contributions avant impôts et "matching" employeur | Contributions déductibles, croissance à l'abri de l'impôt | RRSP (Canada), PE (France) (?) |
| | Traditional IRA | Compte individuel | Contributions potentiellement déductibles, impôt différé Similaire au 401(k) | RRSP (Canada) |
| | Roth IRA | Compte individuel | Contributions déductibles par l'employeur (vous-même) | TFSA (Canada) |
| | Solo 401(k) | Pour travailleurs indépendants | Similaire au 401(k) | SEP IRA (États-Un |
| | SEP IRA | Pour travailleurs indépendants | Contributions déductibles par l'employeur (vous-même) | Solo 401(k) (États- |
| | TSP (Thrift Savings Plan) | Équivalent 401(k) pour militaires/agents fédéraux, avec "matching" de l'État | Contributions déductibles (option traditionnelle), croissance à l'abri de l'impôt | 401(k) (États-Unis) |
| **Canada** | RRSP (Registered Retirement Savings Plan) | Plan d'épargne enregistré | Contributions déductibles, impôt différé | 401(k), Traditional (USA) |
| | TFSA (Tax-Free Savings Account) | Compte d'épargne libre d'impôt | Contributions après impôts, gains et retraits exonérés | Roth IRA (USA) |
| **Europe** | PER (Plan Épargne Retraite - France) | Outil d'épargne longue durée | Avantages fiscaux à l'entrée | 401(k) (USA), RR (Canada) (?) |
| | Autres pays européens | Divers produits (assurance-vie, épargne retraite) | Varient selon les réglementations locales | |

# CHAPITRE 10

**« L'héritage que vous laisserez ne se mesurera pas en mètres carrés d'une maison au pays, mais en décennies d'avance que vous offrirez à vos enfants. »**

Dans nos cultures, l'héritage est une notion puissante, souvent matérialisée par un bien immobilier, un terrain familial. C'est un geste d'amour. Mais dans le monde financier d'aujourd'hui, il existe une forme d'héritage bien plus dynamique et puissante : le capital financier et, surtout, l'éducation qui l'accompagne.

Investir pour vos enfants n'est pas un moyen de les rendre paresseux. C'est un acte d'amour stratégique. C'est leur donner l'arme la plus redoutable qui soit : **le temps.** En commençant tôt, vous mettez la force des intérêts composés de leur côté, leur offrant une avance considérable dans la course de la vie.

## Pourquoi c'est Votre Devoir de le Faire

- **Pour Briser le Cycle du "Départ à Zéro" :** Vous leur donnez les munitions pour financer des études sans s'endetter lourdement, pour lancer une entreprise, ou pour acheter leur première maison. Vous leur évitez la lutte que vous avez peut-être connue.
- **Pour Financer Leurs Ambitions, Pas Seulement Leurs Besoins :** Vous ne leur payez pas simplement une formation, vous investissez dans leurs rêves les plus audacieux.
- **Pour Leur Léguer le "Mode d'Emploi" de l'Argent :** Au-delà du capital, vous leur transmettez une leçon de discipline et de vision à long terme. C'est un héritage de sagesse qui les servira toute leur vie. Vous ne leur donnez pas du poisson ; vous leur construisez un bateau de pêche et leur enseignez à naviguer.

## L'Arsenal Juridique et Fiscal pour Bâtir Cet Héritage

Chaque pays offre des "enveloppes" spécifiques pour investir pour un enfant. Il est crucial de connaître et d'utiliser l'outil le plus adapté à votre pays de résidence.

- **Aux États-Unis :** Les deux options principales sont le Compte de Tutelle (Custodial Account) pour sa flexibilité, et le 529 Plan pour ses avantages fiscaux massifs dédiés aux études.
- **Au Canada :** Le **REEE (Régime Enregistré d'Épargne-Études)** est l'outil roi pour les études, notamment grâce à la **Subvention (SCEE)** du gouvernement qui représente de l'argent gratuit.
- **En Europe (Exemple de la France) : L'Assurance-Vie** est l'outil le plus polyvalent et fiscalement avantageux sur le long terme pour constituer un capital pour un enfant, quels que soient ses projets.

## Notre Stratégie Familiale : Moins de Plastique, Plus d'Actifs

Permettez-moi de partager comment nous appliquons ces principes. Avec ma femme, nous avons une règle simple : les jouets en plastique sont réduits au strict minimum. Pour les anniversaires, au lieu d'accumuler des objets inutiles, nous offrons à nos enfants le seul cadeau qui prend de la valeur avec le temps : des actifs financiers.

Pour nos enfants nés aux États-Unis, c'est devenu un rite de passage. Dès que nous recevons leur carte de sécurité sociale, nous ouvrons leur compte d'investissement de tutelle. Leur vie d'investisseur commence en même temps que leur vie de citoyen.

Notre aînée est née au Togo, et nous n'avons pu commencer pour elle qu'à ses quatre ans. Est-ce que nous regrettons de ne pas avoir commencé plus tôt ? Bien sûr. Mais cette expérience prouve une chose : le meilleur moment pour commencer est celui où vous le pouvez. L'inaction est le seul véritable échec.

Une autre de nos stratégies consiste à utiliser l'argent que nous recevons de l'État. Le crédit d'impôt pour enfant ("Child Tax Credit"), au lieu d'être dilué dans les dépenses quotidiennes, est directement transféré sur leur compte d'investissement. Ainsi, nous transformons une aide de l'État en un moteur de richesse pour leur avenir.

## L'Incroyable Puissance du Temps : L'Exemple qui doit vous hanter

Cette stratégie de petits pas constants peut sembler modeste. Mais ne vous y trompez pas. Pour vous montrer la puissance quasi inimaginable du temps, regardons un exemple historique.

Imaginons un parent ayant acheté pour 2 900 $ d'actions de la société Berkshire Hathaway pour son enfant en 1980. Aujourd'hui, en 2025, cet investissement vaudrait près de 8 millions de dollars.

Ce résultat n'est pas de la magie. C'est la démonstration éclatante du pouvoir du temps combiné à un actif de qualité. Bien sûr, ce cas est exceptionnel et les performances passées ne garantissent pas les résultats futurs. L'objectif n'est pas de vous faire miroiter des millions, mais de vous faire comprendre la force brute du temps.

La bonne nouvelle ? Avec un ETF mondial diversifié et un virement automatique de seulement 50 $ par mois dans le compte de votre enfant, vous mettez en marche la même machine. La régularité et le temps feront le travail.

En investissant pour vos enfants, vous ne leur payez pas simplement des études. Vous changez la trajectoire de votre lignée.

Vous êtes le point de départ. La génération qui a décidé que chaque enfant à naître dans votre famille commencerait la course, non pas sur la ligne de départ comme vous l'avez peut-être fait, mais avec plusieurs tours d'avance.

C'est ça, le véritable héritage.

## Comparatif Rapide : Custodial Account vs 529 Plan (USA)

| Critère | Custodial Account | 529 Plan |
|---|---|---|
| Usage des fonds | Libre à la majorité de l'enfant | Exclusivement dépenses d'éducation qualifiées |
| Contrôle | Géré par le parent jusqu'à la majorité de l'enfant, puis l'enfant prend le contrôle | Généralement contrôlé par le contributeur principal |
| Avantage fiscal | Limité (sur les gains annuels) | Potentiellement élevé (croissance et retraits pour études souvent non imposables) |
| Flexibilité | Élevée (utilisation libre par l'enfant à maturité) | Restreinte (usage pour études) |

# CHAPITRE 11

**« On vous a dit que l'argent n'a pas d'odeur. C'est un mensonge. Votre argent a l'odeur des entreprises qu'il finance. »**

Quand on pense à la bourse, on imagine une machine froide, purement financière, dont le seul but est le profit. Cette vision est non seulement dépassée, elle est incomplète. Aujourd'hui, investir de manière responsable n'est plus une niche. C'est une marque d'intelligence stratégique. C'est le cœur de l'investissement ESG.

## Comprendre le Langage ESG

L'investissement responsable évalue les entreprises sur trois piliers fondamentaux, au-delà de leurs simples bilans comptables. Ces piliers forment l'acronyme ESG.

- Environnemental (E) : L'entreprise détruit-elle la planète ou participe-t-elle à sa sauvegarde ? On analyse sa gestion des émissions carbone, son utilisation des ressources, son impact sur la biodiversité. C'est choisir de financer l'avenir ou le passé.
- Social (S) : L'entreprise élève-t-elle l'humain ou l'exploite-t-elle ? On évalue les conditions de travail, le respect des droits humains, la diversité, l'impact sur les communautés locales. C'est choisir de financer la dignité ou l'injustice.
- Gouvernance (G) : L'entreprise est-elle dirigée de manière transparente et éthique, ou est-elle opaque et corrompue ? On examine la structure du conseil d'administration, la lutte contre la corruption, la juste rémunération des dirigeants. C'est choisir de financer la discipline ou le chaos.
-

## Pourquoi Cet Alignement Est Votre Devoir d'Investisseur

Chaque dollar que vous investissez est un bulletin de vote. Vous votez pour le type de monde que vous voulez voir prospérer. En tant qu'immigrant, vous avez peut-être quitté un pays pour fuir un manque de justice, d'opportunités ou de respect pour l'environnement. Vous avez le pouvoir de ne pas financer ces mêmes problèmes ici.

Votre capital est une voix. Ne la donnez pas à des entreprises dont les actions contredisent les raisons mêmes pour lesquelles vous avez tout recommencé.

Vous pouvez décider de refuser de financer :

- Les pollueurs chroniques.
- Les industries de l'armement ou du tabac.
- Les entreprises aux pratiques sociales douteuses.

Investir avec vos valeurs, ce n'est pas de l'angélisme. C'est de la cohérence.

## Comment Investir de Manière Responsable, Concrètement ?

La manière la plus simple est d'utiliser des **ETFs filtrés ESG**. Ces fonds sont conçus pour investir dans un large panier d'entreprises qui respectent un cahier des charges environnemental, social et de gouvernance. Ils font le tri pour vous.

Vous bénéficiez ainsi de la diversification tout en vous assurant que votre argent soutient des entreprises qui, à tout le moins, font un effort pour opérer de manière plus responsable. Cherchez simplement la mention "ESG", "ISR" ou "Socially Responsible" dans la description du fonds.

*(Exemples purement illustratifs : iShares MSCI USA ESG Select ETF, Vanguard ESG U.S. Stock ETF, Amundi MSCI World ESG Leaders UCITS ETF)*

## Est-ce Moins Rentable ? Le Mythe du Compromis

La vieille garde financière vous dira que l'investissement responsable est un compromis, que vous sacrifiez de la performance au nom de la vertu. C'est une vision dépassée.

De nombreuses études montrent aujourd'hui que les entreprises les mieux notées sur les critères ESG sont souvent :

- **Mieux gérées et plus innovantes.**
- **Moins exposées aux risques futurs** (amendes réglementaires, scandales, boycott des consommateurs).
- **Plus attractives pour les talents et les clients.**

Ne pas prendre en compte les risques ESG aujourd'hui, c'est comme conduire en regardant uniquement dans le rétroviseur. À long terme, la performance financière et la responsabilité sociétale ne sont pas opposées ; elles sont de plus en plus corrélées.

Investir, c'est bâtir votre patrimoine. C'est le premier objectif de ce livre. Mais une fois que vous maîtrisez les règles, une question plus profonde se pose : quel genre de richesse voulez-vous construire ?

La richesse financière seule est une victoire vide. La véritable puissance, l'héritage ultime, c'est de bâtir un patrimoine qui non seulement vous libère, mais qui reflète aussi la personne que vous aspirez à être.

C'est la dernière pièce du puzzle : faire en sorte que votre argent travaille non seulement pour vous, mais aussi en accord avec vous.

## ZONES FISCALES & TRAITEMENT DES INVESTISSEMEMNTS

| ZONE | GAINS EN CAPITAL | DIVIDENDES | COMPTES AVANTAGEUX |
|---|---|---|---|
|  | 15% | 15% | 401(k), Roth IRA |
|  | 50% imposable | Taux marginal | RRSP, TFSA |
|  | Variable | Variable | PER, Assurance Vie |

# CHAPITRE 12

## INVESTIR ET FISCALITÉ — FAITES DE L'IMPÔT VOTRE ALLIÉ

« **Le plus grand risque en investissement n'est pas de perdre de l'argent. C'est d'en gagner, et de le laisser se faire dévorer par les impôts par pure négligence.** »

Dans chaque investissement que vous faites, vous avez un partenaire silencieux et obligatoire : le gouvernement. Ignorer son existence et ses règles est la garantie de lui abandonner une part significative de vos gains durement acquis.

Pour beaucoup, la fiscalité est un sujet intimidant, une forêt sombre dans laquelle on préfère ne pas s'aventurer. C'est une erreur coûteuse. Comprendre les bases de la fiscalité de l'investissement n'est pas une option, c'est un devoir. Ce n'est pas un fardeau ; c'est l'art de la défense de votre patrimoine.

## 12.1 Le Champ de Bataille Fiscal : Qu'est-ce qui est Taxé ?

L'État peut prélever sa part sur trois types de revenus principaux :

- **Les Dividendes :** La part des bénéfices que les entreprises vous versent. C'est un revenu imposable.
- **Les Plus-Values (Gains en Capital) :** Le profit que vous réalisez en vendant un actif plus cher que vous ne l'avez acheté. Ce profit est imposable l'année de la vente.
- **Les Intérêts :** Les revenus tirés de prêts (comme les obligations). C'est un revenu imposable.

## 12.2 La Règle du Jeu n°1 : Votre Résidence Fiscale

C'est le point de départ qui détermine tout. C'est votre statut de **résident fiscal** qui dicte quel pays a le droit de vous imposer. En tant que résident permanent dans votre pays d'accueil, vous êtes généralement imposable sur vos revenus mondiaux. Oui, cela inclut les loyers ou les intérêts que vous pourriez encore percevoir de votre pays d'origine.

L'ignorer peut mener à de sérieuses complications.

## 12.3 Votre Bouclier Diplomatique : Les Conventions Fiscales

Pour vous éviter d'être imposé deux fois sur le même revenu, les pays signent des **conventions fiscales**. Ces traités sont vos alliés. Ils définissent quel pays a la priorité pour taxer, limitent les impôts prélevés à la source sur vos dividendes étrangers et clarifient les règles du jeu. Pour en bénéficier, vous devez simplement déclarer correctement votre situation.

## 12.4 La Fiscalité par Pays : Un Aperçu Stratégique

Les règles varient énormément. Voici l'essentiel à comprendre.

### États-Unis : La Récompense de la Patience

Le système américain récompense une chose : le long terme.

- **Gains en Capital :** Les gains sur des actifs détenus plus d'un an (long terme) sont taxés à des taux bien plus faibles (0% à 20%) que ceux détenus moins d'un an (court terme), qui sont taxés comme votre salaire.

- **Comptes Stratégiques :** Les 401(k), IRA (Traditional et Roth), et TSP sont vos meilleures armes. Ils vous permettent de reporter l'impôt ou, dans le cas du Roth, de garantir des retraits 100% libres d'impôt à la retraite.

## Canada : L'Avantage du Partage et de la Liberté Fiscale

Le système canadien offre des outils d'une puissance rare.

- **Gains en Capital : Seule la moitié (50%)** de votre profit est imposable. C'est un avantage majeur.
- **Comptes Stratégiques :** Le **REER** (similaire au Traditional IRA) permet de reporter l'impôt. Mais la véritable star est le CELI (équivalent du Roth IRA). L'argent y grandit et en sort totalement libre d'impôt. C'est un outil essentiel pour bâtir une richesse non imposable.

# Europe (Exemple de la France) : L'Importance de l'Enveloppe

En France, l'imposition par défaut peut être plus élevée (souvent une "Flat Tax" de 30% sur les gains et dividendes). La stratégie consiste donc à utiliser les bonnes "enveloppes fiscales".

- **Comptes stratégiques** : Le PEA (Plan d'Épargne en Actions) et l'Assurance-Vie sont les deux piliers. Après une certaine durée de détention (5 ans pour le PEA, 8 ans pour l'Assurance-Vie), ils offrent des avantages fiscaux massifs, notamment une exonération d'impôt sur les gains. Ne pas les utiliser, c'est payer volontairement plus d'impôts.

## 12.5 Les Commandements de l'Optimisation Fiscale

La fiscalité n'est pas une fatalité. C'est un jeu dont vous pouvez apprendre les règles.

1. Combattez sur un Terrain Favorable : Priorisez toujours les comptes à avantage fiscal (401k, Roth IRA, CELI, REER, PEA, etc.). Maximisez vos contributions avant d'investir dans un

compte de courtage classique.

2. Faites du Temps Votre Allié Fiscal : la patience paie. En détenant vos actifs sur le long terme, vous bénéficiez souvent de taux d'imposition plus bas.

3. Automatisez le Réinvestissement : Le réinvestissement des dividendes (DRIP) est une façon puissante de faire jouer les intérêts composés sans générer de transactions imposables.

4. Limitez le Trading : Chaque vente est un événement fiscal potentiel. L'investissement passif à long terme est fiscalement bien plus simple et souvent plus rentable.

5. Soyez un Contribuable Honnête : Déclarez toujours vos revenus. Les autorités fiscales finissent toujours par savoir. L'honnêteté vous évitera des pénalités et des nuits blanches.

## Pour Finir, Devenez le Maître du Jeu Fiscal

La fiscalité n'est pas un sujet annexe pour experts. C'est la discipline qui sépare l'investisseur amateur du professionnel. C'est la dernière étape de votre transformation : de travailleur acharné à investisseur sophistiqué qui non seulement sait comment faire de l'argent, mais aussi comment le garder.

Ne subissez pas l'impôt. Apprenez les règles, utilisez les bons outils, et faites de la fiscalité une partie intégrante de votre stratégie de victoire.

**AVERTISSEMENT FONDAMENTAL** *Ce chapitre fournit une vue d'ensemble éducative et ne constitue en aucun cas un conseil fiscal. Les lois fiscales sont complexes, changent constamment et dépendent de votre situation personnelle. Pour des conseils adaptés à votre cas, la consultation d'un comptable ou d'un conseiller fiscal qualifié dans votre pays de résidence est* **non-négociable.**

# CHAPITRE 13

**« Ce livre n'est pas la ligne d'arrivée. C'est le coup de pistolet de votre départ. »**

Félicitations. Si vous lisez ces lignes, vous avez fait plus que la majorité des gens : vous avez investi en vous-même. Vous avez choisi de prendre les commandes. Ce livre vous a donné la carte, la boussole et les règles de navigation. Mais soyons clairs : le voyage, c'est vous qui le faites. La destination finale n'est pas la dernière page de ce livre, c'est votre liberté financière.

L'erreur classique après avoir appris est de tomber dans le piège de l'analyse paralysante. L'investissement est comme un muscle : il ne se développe pas en lisant des livres sur l'anatomie, mais en soulevant des poids. L'action, même imparfaite, vaudra toujours mieux que la parfaite inaction.

## Votre Code de Conduite Pour la Suite

Maintenant que vous êtes prêt à agir, voici votre feuille de route, les quatre articles de foi de l'investisseur serein.

- **Article 1 : La Simplicité est votre Arme Maîtresse.** N'allez pas compliquer les choses. Les stratégies les plus efficaces sont souvent les plus simples : diversification via des ETFs, régularité du DCA, vision à long terme. Ignorez les produits financiers complexes et les modes passagères. Maîtrisez les bases. C'est là que se trouve la performance.

- **Article 2 : L'Automatisation est votre Discipline.** Ne faites pas confiance à votre motivation. Elle vous trahira. Faites confiance à votre système. Mettez en place des virements automatiques vers votre compte d'investissement juste après votre paie. L'argent qui n'arrive jamais sur votre compte courant est de l'argent que vous ne pouvez pas dépenser. C'est la forme de discipline la plus efficace qui soit.

- **Article 3 : L'Éducation Continue est votre Bouclier.** Continuez à apprendre auprès de sources fiables. Mais développez un scepticisme absolu face aux promesses de gains rapides, aux "gourous" des réseaux sociaux et aux "conseils" non sollicités. L'éducation vous protège, la désinformation vous détruit.

- **Article 4 : Votre Environnement est votre Renfort.** L'investissement peut être un chemin solitaire. Entourez-vous de bâtisseurs, pas de parieurs. Échangez avec des gens qui partagent votre vision de long terme. Un bon entourage renforce votre discipline ; un mauvais entourage la mettra à l'épreuve.
- **Les Trois Vérités à Graver dans Votre Esprit**

Au-delà de la stratégie, votre mentalité déterminera votre succès. Ancrez ces trois vérités en vous.

1. **La Patience Est Votre Super-Pouvoir.** La richesse ne se construit pas en un trimestre. Les marchés fluctueront. C'est normal. Votre travail n'est pas de réagir, mais de persister.

2. **Les Crises Sont des Soldes.** Quand la panique est dans la rue, les meilleurs actifs du monde sont en promotion. C'est à ce moment-là

que l'investisseur préparé déploie sa "poudre sèche". C'est contre-intuitif, mais c'est ainsi que la richesse se transfère.

3. **La Constance Bat le Montant.** Un petit montant investi avec une régularité de fer sur 30 ans créera plus de richesse qu'un gros montant investi de manière sporadique et tardive. Votre discipline est plus importante que la taille de votre salaire.

# RÉSUMÉ VISUEL

## OUTILS ET CONCEPTS CLÉS

---

## RÈGLES D'OR

| | | |
|---|---|---|
| 1. Vivre en dessous de ses moyens. | 2. Épargner un pourcentage fixe de chaque revenu. | 3. Investir chaque mois, sans exception (DCA). |
| 4. Penser en décennies, pas en jours. | 5. Diversifier son portefeuille intelligemment. | 6. Apprendre en continu, rester humble. |

● La connaissance sans l'action est stérile. Votre plan est votre boussole, l'action est le premier pas.

● Le risque n'est pas un ennemi à fuir, mais un paramètre à gérer avec une stratégie solide.

---

## EN AMÉRIQUE DU NORD | 🇺🇸 🇨🇦

● USA : Prioriser les comptes à avantage fiscal. Le 401(k) pour l'abondement de l'employeur ("matching"), le Roth IRA pour des retraits 100% libres d'impôt à la retraite.

● Canada : Utiliser les deux piliers. Le REER (RRSP) pour réduire ses impôts aujourd'hui, le CELI (TFSA) pour des gains et retraits futurs totalement non-imposables.

## EN EUROPE | 🇪🇺

● France : Utiliser les "enveloppes" pour optimiser la fiscalité. Le PEA (Plan d'Épargne en Actions) et l'Assurance-Vie pour des gains à long terme moins imposés.

# RÉSUMÉ VISUEL

## DIVERSIFICATION

(Sous l'icône de cercles qui s'entrecroisent) Ne pas mettre tous ses œufs dans le même panier. Répartir le risque entre plusieurs secteurs, géographies et tailles d'entreprises, principalement via des ETFs.

## DOLLAR COST AVERAGING (DCA)

Investir un montant fixe, à intervalle régulier (chaque mois), peu importe les fluctuations du marché. La discipline automatisée pour lisser le prix d'achat et éliminer l'émotion.

---

## WINNERS' CIRLCE
## (LE CERCLE DES GAGNANTS)

(Sous l'icône de communauté) La communauté pour les immigrants bâtisseurs. Un espace pour échanger, apprendre et rester motivé. L'antidote à la solitude de l'investisseur.

| ACTIFS (Ce qui met de l'argent dans votre poche) | PASSIFS (Ce qui sort l'argent de votre poche) |
|---|---|
| · Connaissance | · Ignorance |
| · Actions / ETFs | · Dettes de carte de crédit (toxique) |
| · Immobilier locatif | · Prêt auto pour voiture de luxe |
| · Votre propre entreprise | · Achats de consommation à crédit |

> " Nous sommes ce que nous faisons de manière répétée. L'excellence n'est donc pas un acte, mais une habitude.

Aristote

# Pour Aller Plus Loin :

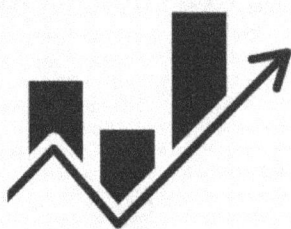

# REJOIGNEZ WINNER'S CIRCLE

**« Seul, on va vite. Ensemble, on va loin. »**

Félicitations encore une fois pour être arrivé à ce stade de votre parcours ! Grâce à ce livre, vous avez maintenant en main les fondamentaux essentiels pour débuter votre voyage dans le monde de l'investissement avec une base solide et une confiance renouvelée. Vous savez comment planter les premières graines.

Cependant, il est tout à fait naturel de ressentir, même après avoir lu ce guide :

- Une certaine hésitation au moment de passer à l'action réelle.
- La peur de commettre des erreurs coûteuses parce que chaque situation est unique.
- Un sentiment de solitude face à des décisions financières importantes.

C'est précisément pour briser cet isolement et transformer l'hésitation en une force collective que j'ai créé le **Winner's Circle.**

**Qu'est-ce que le Winner's Circle ?**

En une phrase : C'est la première communauté francophone conçue pour aider les immigrants à comprendre l'argent, investir intelligemment, et construire une liberté financière durable — même en partant de zéro.

Le principe est simple :

- **Pour qui ?** Les immigrants francophones ambitieux (résidant aux USA, au Canada ou en Europe) qui sont déterminés à réussir.
- **Le problème que nous résolvons ?** Le manque de repères, la solitude de l'immigrant face à un nouveau système, le jargon financier qui intimide et la peur de se tromper qui paralyse.
- **La solution que nous apportons ?** Un espace sécurisé, pédagogique et motivant où nous passons à l'action ensemble. Nous parlons comptes d'investissement, ETFs, automatisation, et nous forgeons surtout le

mindset d'un bâtisseur.

- **Notre promesse ?** Une transformation durable. Vous ne subissez plus l'argent, vous apprenez à le maîtriser pour qu'il serve vos ambitions.

Ce n'est pas un simple groupe. C'est un cercle de confiance composé de gens qui, comme vous, ont tout recommencé et refusent de stagner.

> *Vous n'avez pas traversé des frontières pour rester bloqué à la même étape.*

## Prêt(e) à rejoindre le cercle ?

Si vous êtes prêt à transformer la solitude de l'investisseur en une force collective et à bénéficier du soutien et de l'expérience d'une communauté de bâtisseurs, alors le Winner's Circle est votre prochaine étape logique.

Pour nous rejoindre et découvrir comment nous pouvons avancer ensemble, rendez-vous sur : https://winners-circle-community.circle.so/ checkout/winners-circle

" Cours avec les vainqueurs et tu augmenteras leur nombre.

— Kofi Douhadji

# ANNEXE A :

# PROTÉGER VOTRE HÉRITAGE

> *Construire votre richesse est un accomplissement. La protéger pour que ceux que vous aimez puissent en bénéficier sans heurts, c'est votre responsabilité ultime.*

Vous travaillez dur, vous épargnez, vous investissez. Mais une question fondamentale se pose : que deviendra ce patrimoine si vous n'êtes plus là demain ? Sans une préparation adéquate, la loi décide à votre place, souvent au travers d'une procédure longue, coûteuse et stressante pour vos proches : la succession judiciaire (ou probate).

Protéger votre patrimoine, même modeste, est un acte de prévoyance et d'amour. Voici les étapes clés.

## 1. Rédigez Votre Testament (Will)

Ce n'est pas un document pour les riches. C'est un outil fondamental qui vous permet de :

- Exprimer vos volontés : Vous décidez qui hérite de quoi, y compris vos comptes d'investissement.
- Désigner un exécuteur : Vous nommez la personne de confiance qui gérera votre succession.
- Protéger vos enfants mineurs : Vous désignez le tuteur légal qui s'occupera d'eux.

Sans testament, c'est l'État qui décide. Ne laissez pas cette décision à la bureaucratie.

## 2. Désignez Directement Vos Bénéficiaires

C'est une démarche simple, rapide et qui permet souvent d'éviter la procédure de succession pour certains actifs. La plupart des comptes financiers vous permettent de nommer un bénéficiaire :

- **Comptes retraite (401k, IRA, REER, etc.)**
- **Comptes de courtage (TOD - Transfer On Death)**
- **Comptes bancaires (POD - Payable On**

**Death)**
- **Assurances-vie**

Action Immédiate : Connectez-vous à chacun de vos comptes financiers et vérifiez ou ajoutez vos bénéficiaires. C'est l'une des actions les plus importantes que vous puissiez faire après avoir refermé ce livre.

## 3. Organisez et Partagez Vos Informations Clés

À quoi sert un plan si personne ne peut le trouver ?

- **Créez un document récapitulatif :** Listez tous vos comptes (banques, courtiers, assurances) et l'emplacement de vos documents importants (testament, titres de propriété).
- **Informez une personne de confiance :** Votre conjoint(e) ou un membre de votre famille doit savoir que ce document existe et où il se trouve.
- **Mettez à jour régulièrement :** Une fois par an, vérifiez que tout est à jour.

Ne tombez pas dans le piège de penser "je n'ai pas assez pour que ça vaille la peine". Protéger 100$ investis aujourd'hui, c'est prendre l'habitude de protéger les 100 000$ que vous aurez demain.

# ANNEXE B :

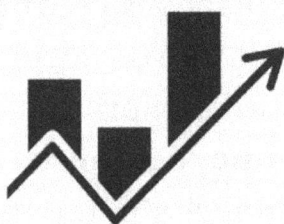

# GLOSSAIRE BILINGUE

Ce glossaire est votre outil pour vous familiariser avec le vocabulaire essentiel de l'investissement.

A
- **Action (Stock)** : Une part de propriété dans une entreprise.
- **Actif (Asset)** : Tout ce qui possède une valeur économique (actions, obligations, immobilier).

B
- **Bourse (Stock Market / Exchange)** : Le marché où s'échangent les actifs financiers.
- **Broker (Courtier)** : La plateforme qui vous permet d'accéder à la bourse.

C
- **Capital (Capital)** : La somme d'argent que vous investissez.

- **Compte de Tutelle (Custodial Account) :** Compte d'investissement pour un mineur, géré par un adulte.

D

- **Dividende (Dividend) :** Part des bénéfices d'une entreprise distribuée aux actionnaires.
- **Diversification (Diversification) :** Stratégie de répartition des investissements pour réduire le risque.

E

- **ETF (Exchange Traded Fund) :** Fonds négocié en bourse qui détient un panier diversifié d'actifs.
- **ESG (Environnemental, Social, Gouvernance) :** Critères pour évaluer la performance durable et éthique d'une entreprise.

F

- **Frais de gestion (Management Fee / Expense Ratio / TER) :** Coût annuel prélevé par un fonds d'investissement.

G

- **Gain en capital (Capital Gain) :** Profit réalisé lors de la vente d'un actif.

I
- **Inflation (Inflation) :** Augmentation des prix qui réduit le pouvoir d'achat.

- **Intérêts Composés (Compound Interest)** : Effet "boule de neige" où les gains génèrent eux-mêmes de nouveaux gains.
- **ISR (Investissement Socialement Responsable) (SRI - Socially Responsible Investment)** : Approche d'investissement intégrant les critères ESG.

O
- **Obligation (Bond) :** Titre de dette émis par un État ou une entreprise.
- **Ordre d'achat (Buy Order) :** Instruction donnée à votre courtier pour acheter un actif.

P
- **Portefeuille (Portfolio) :** L'ensemble de vos actifs d'investissement.
- **Probate (Succession Judiciaire / Homologation) :** Processus légal de distribution des biens d'une personne décédée.

R
- **Roth IRA / 401(k) :** Comptes de retraite américains à avantage fiscal (retraits non-

imposables).

S

- **S&P 500 :** Indice boursier des 500 plus grandes entreprises américaines.

T

- **Testament (Will) :** Document légal exprimant vos dernières volontés.
- **TFSA (CELI au Québec) (Tax-Free Savings Account) :** Compte d'épargne canadien où les gains et retraits sont libres d'impôt.
- **TOD (Transfer On Death) :** Désignation pour transférer un compte d'investissement à un bénéficiaire au décès.
- **Trading :** Achat et vente fréquents d'actifs à court terme.

V

- **Volatilité (Volatility) :** Ampleur et rapidité des variations de prix d'un actif.

# AVERTISSEMENT LÉGAL

# AVERTISSEMENT LÉGAL

Ce livre, "Mes Premiers Pas en Bourse", est publié exclusivement à titre éducatif et informatif. Son objectif est de vous fournir des connaissances générales pour vous aider à comprendre les principes de base de l'investissement.

Les informations, exemples et stratégies présentés dans cet ouvrage reflètent les opinions et l'expérience de l'auteur. Ils ne constituent en aucun cas des conseils financiers, fiscaux ou juridiques personnalisés, ni des recommandations spécifiques d'achat ou de vente de produits financiers.

L'investissement comporte des risques significatifs, y compris la perte du capital investi. Les performances passées ne préjugent pas des résultats futurs.

Chaque lecteur est fortement encouragé et personnellement responsable de :

- Mener ses propres recherches approfondies (DYOR : Do Your Own Research).
- Consulter un conseiller financier agréé, un fiscaliste ou un autre professionnel qualifié dans son pays de résidence avant de prendre toute décision majeure.
- Se conformer scrupuleusement aux lois et réglementations en vigueur.

L'auteur et les éditeurs déclinent toute responsabilité en cas de pertes ou de dommages pouvant résulter de l'utilisation des informations contenues dans cet ouvrage.

*N'oubliez jamais que l'objectif principal de ce guide est de vous éduquer. Il n'est absolument pas de prendre les décisions financières à votre place. Vous êtes le seul et unique responsable de vos choix.*

# À PROPOS
# DE L'AUTEUR

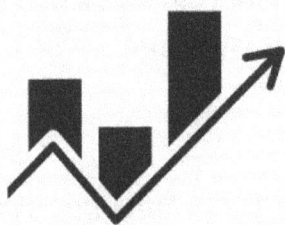

# À PROPOS DE L'AUTEUR

**Kofi Douhadji** est la preuve vivante qu'on peut partir de zéro, franchir des frontières—géographiques, linguistiques, mentales — et bâtir une liberté financière solide et durable.Né à Afagnan, au Togo, Kofi a grandi ᴅᴀɴs un environnement modeste, nourri de résilience et d'une vision claire : avancer, toujours. À 23 ans, il se lance dans le génie civil et dirige sa propre entreprise. Parallèlement, il mène une carrière artistique sous le nom Oneil Biatti, incarnant déjà son esprit entrepreneurial et créatif.

En 2016, il émigre aux États-Unis pour tout recommencer. Il s'engage dans l'U.S. Air Force en 2017, gravit les échelons jusqu'au rang d'officier, tout en poursuivant ses études en Business Analysis et en Executive Coaching à Bellevue University, où il obtient un Master en Executive Coaching.

Auteur du best-seller Unbroken Optimist, Kofi partage avec authenticité les épreuves qui ont forgé sa vision et renforcé sa foi en l'avenir. Il fonde ensuite Flying Wings, une maison d'édition qui accompagne les primo-auteurs souvent ignorés par l'édition traditionnelle.

Ce qui le distingue ? Il a lui-même affronté les obstacles que rencontrent des milliers d'immigrants : la barrière linguistique, la complexité d'un nouveau système financier, le sentiment de ne jamais être "assez prêt". Mais il a choisi d'apprendre, d'agir et d'investir — bien avant de tout maîtriser.

Aujourd'hui, il se consacre à démystifier l'investissement et les finances personnelles pour les francophones du monde entier. Son approche : simple, progressive, sans jargon — et profondément humaine.

Avec ce livre, Kofi vous tend la main. Pas comme un expert distant, mais comme un frère de parcours. Il ne vous dira pas quoi rêver. Il vous montrera comment transformer vos ambitions en capital, votre patience en récolte, et vos actions en liberté.

Vous avez franchi des frontières pour changer de vie.

Il est temps de franchir celle de votre liberté financière.

www.ingramcontent.com/pod-product-compliance
Lightning Source LLC
Chambersburg PA
CBHW021941190326
41519CB00009B/1093